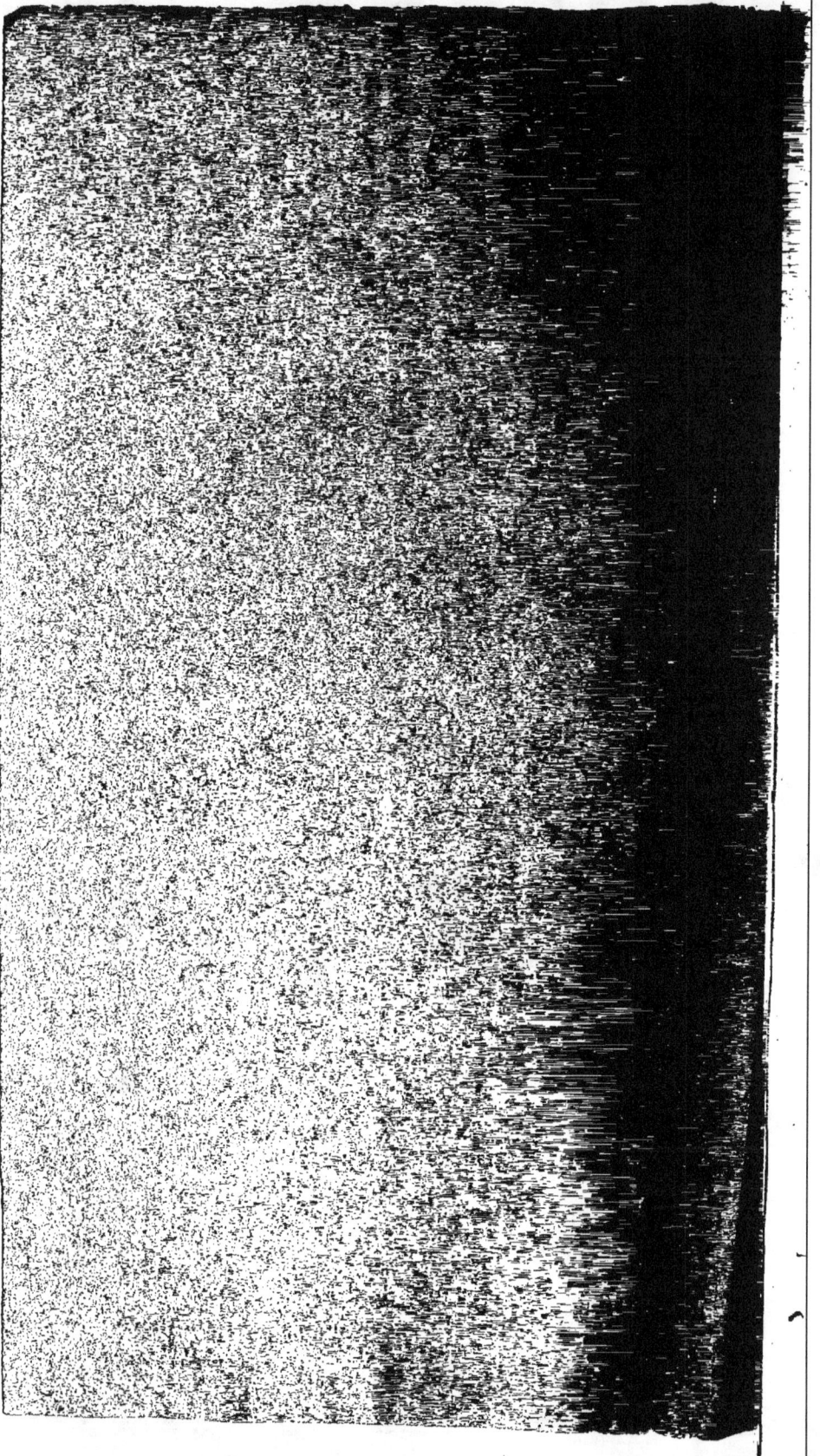

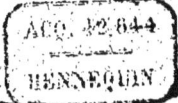

EXAMEN CRITIQUE

DE

LA PROPOSITION

DE M. DE BONALD,

RELATIVE

A L'ABOLITIÒN DU DIVORCE.

DE L'IMPRIMERIE DE Mme Ve JEUNEHOMME,

RUE HAUTEFEUILLE N° 20.

EXAMEN CRITIQUE

DE

LA PROPOSITION

DE M. DE BONALD,

RELATIVE

A L'ABOLITION DU DIVORCE.

p. le Cte Jean Denis de Lanjuinais

d'après Barbier

Colligit et nubes quas inter ludere
Gestit arte potens magus.

PR

PARIS,

CHEZ { PLANCHER, RUE SERPENTE, No 14;
EYMERY, RUE MAZARINE, No 30;
DELAUNAY, AU PALAIS-ROYAL.

1816.

EXAMEN CRITIQUE

DE

LA PROPOSITION

DE M. DE BONALD,

RELATIVE

A L'ABOLITION DU DIVORCE.

———

Il est dans l'histoire des opinions humaines des singularités qui, sous quelques rapports, affectent péniblement les bons esprits, mais qui, sous d'autres points de vue, sont un objet d'amusement pour les hommes accoutumés à ne voir, dans certaines théories, que des jeux de l'imagination et de brillans paralogismes.

Telle est la double impression que ne peut manquer de produire, sur un grand nombre de lecteurs, l'opinion développée à la chambre des députés, par M. de Bonald, sur le divorce. Parmi ceux qui croient la question dès long-temps décidée, les uns s'affligeront qu'on cherche encore à la rendre problématique, les autres souriront aux prestiges du talent qui ne désespère point d'y parvenir. Certain des éloges de ceux qui pensent comme lui, l'orateur ne trouvera sans doute, dans la disposition des censeurs moroses, ou des rieurs malins, qu'une nouvelle variété d'hommages.

Qu'il nous soit permis de chercher à travers le tissu ingénieux de l'art, ce qu'il cache en effet de substantiel. M. de B..... trace d'abord l'histoire de la famille qui, dit-il, commença par la monogamie, fait incontestable, comme on le voit dans la société conjugale d'Adam et d'Ève. À mesure que les familles se multiplient et que les nations se forment, le désordre s'introduit dans les mariages : on sait que la répudiation était permise par les lois des Juifs ; mais, observe l'auteur, *ce fut à cause de leur dureté de cœur.* Il n'explique point ce qu'était cette dureté de cœur dont

plusieurs nations modernes auront probable-
ment hérité, et qui pourrait bien être équiva-
lente à quelqu'une des causes de divorce
qu'elles admettent. S'il regarde, au reste, la
loi de répudiation comme imparfaite, il se
hâte d'assurer qu'elle n'est pourtant pas, ainsi
que le divorce mutuel, contre la nature même
de la société : assertion qui n'est pas exempte
de quelque dureté, surtout d'après cette ex·
plication qu'il en donne : Que la répudiation
conserve du moins au pouvoir domestique
(entre les mains du mari) *toute son indé-*
pendance (c'est-à dire toute sa liberté d'ac-
tion, autrement tout son despotisme) ; et que,
lorsque la répudiation *n'est pas un acte de*
justice, c'est de sa part *un acte de juridiction*
(la juridiction du seigneur et maître). L'auteur a parlé plus haut de l'inégalité si cruelle
qui s'établit entre les deux sexes par la disso-
lubilité du lien conjugal. Il est clair qu'il
l'entend ainsi du divorce, et nullement de
la répudiation. C'est l'esprit de la législation
de ces heureuses contrées, où l'empire est
entre les mains du sexe fort.

Passant aux Romains , M. de B..... nous dit
que leurs mœurs luttèrent pendant plusieurs

siècles contre la faculté du divorce et qu'il ne fut connu chez eux que bien tard, allusion à l'histoire de *Cavilius Ruga*, dont Montesquieu, Gibbon et tant d'autres écrivains ont montré le ridicule travestissement. Toutes les écoles de droit professent que dès l'origine de Rome, la répudiation fut autorisée par les lois de Romulus, qu'il était d'ailleurs permis aux maris de juger et de condamner leurs femmes à diverses peines, même à la peine de mort, ce qui les dispensait de les répudier ; que les lois des douze tables ajoutèrent aux premières causes de répudiation admises jusqu'à cette époque ; et que les mœurs des Romains se relâchant de leur férocité, le divorce mutuel fut dans la suite autorisé sous des conditions plus ou moins sévères.

Après cette histoire de la famille chez les peuples de l'antiquité, que l'auteur ne suppose pas sans doute très-complète, il arrive aux siècles modernes, et se complaît à peindre les progrès de la civilisation, le perfectionnement de la société civile sous les empereurs de Constantinople. Il lui échappe des traits qu'envieraient à cette époque les partisans du système de la perfectibilité. Pour admirer ce tableau, il faut oublier ce qu'on sait du moyen âge, de ces temps du Bas-Empire, les plus féconds peut-être en désordres de toute espèce: il faut admettre, d'un autre côté, sauf un léger anachronisme, que Tacite, lorsqu'il rendait hommage aux mœurs des Germains sur le mariage, préconisait, sans le savoir, des peuples qui avaient déjà cédé à l'influence de la religion chrétienne.

Monsieur de B..... prend la marche du divorce à la réformation luthérienne. Il regarde son rétablissement comme le but et, peu s'en faut, comme la cause de la réforme. Plus tard, et de nos jours, le divorce est à ses yeux le sceau et le caractère spécial de la révolution. Lorsqu'il fut soumis à la discussion publique, les meilleurs esprits le combattirent; témoin, *l'ouvrage sur le divorce considéré au dix-neuvième siècle.*(1) Après ce noble aveu, il est modeste d'ajouter qu'il n'a paru aucun écrit sur le divorce qui ait laissé quelque souvenir, et que *l'usurpateur, dans la plénitude de sa puissance, l'aurait aboli s'il n'eût voulu se ménager la facilité de s'en servir un jour.* Tel est, il faut l'avouer, l'irrésistible empire d'une bonne doctrine. Oui, le

---

(1) Par M. de Bonald.

tyran lui-même aurait été forcé de l'adopter, comme il a voulu mettre en pratique quelques unes des vues transcendantes révélées *dans la législation primitive* (1).

L'auteur pose en principe que la différence des croyances religieuses sur le lien du mariage ne peut pas être un obstacle à l'abolition de la faculté du divorce. Voici comment il le prouve : le rétablissement de la religion est le besoin le plus pressant du peuple : or, le mariage exige le concours des trois pouvoirs, domestique, civil et religieux : donc il doit être pourvu par le gouvernement à ce que le lien du mariage ne puisse être dissous par la loi. On peut demander à quelle espèce de syllogisme appartient cet argument. Quoi ! parce qu'il importe de raffermir les croyances religieuses, il faut cesser de tolérer les doctrines qu'elles consacrent. Quoi ! dans un état où chacun professe sa religion avec une égale liberté, et obtient pour son culte la même protection (charte constitutionnelle), vous voulez prohiber ce qui est de l'essence de tel ou tel culte ! Et de ce que la conscience du catholique repousse le divorce, vous concluez qu'il est juste de contraindre sur ce

---

(1) Par M. de Bonald.

point celle du juif, du calviniste et du luthé-
rien. Mais c'est précisément parce que divers
cultes reçus dans l'État admettent le divorce,
que la loi civile ne pourrait, sans contradic-
tion, prohiber à leur égard cette faculté qu'ils
autorisent; comme elle ne pourrait, sans in-
conséquence, en prescrire l'usage dans la
religion qui la repousse. Ainsi le proclame
la voix de la raison et de la justice; ainsi l'ont
reconnu tous les publicistes instruits lors de
la discussion du *Code civil*. Nous devons
même ajouter, à l'honneur des anciens parlemens de France, qu'ils ne furent point étran-
gers à ces sages maximes de tolérance sociale
et religieuse. Il existe un grand nombre d'ar-
rêts, dont la jurisprudence formait un abri
très respectable, sous la protection duquel
les juifs conservaient l'usage de la répudiation, et les protestans la faculté du divorce.

Sans doute le théologien catholique, con-
vaincu de la prééminence de sa doctrine, doit
désirer qu'elle se propage. Il doit en développer les perfections aux yeux des fidèles,
et les rappeler sans cesse à l'observation des
préceptes de l'église. Mais la loi de l'État res-
pecte les dogmes d'un ordre différent qu'ad-

mettent d'autres cultes : elle pose, pour base
de la liberté des consciences, la séparation du
pouvoir civil et du pouvoir religieux, et
borne sa sollicitude au maintien de la paix
publique et au bonheur de la vie présente. A
l'appui de ces idées si simples et si vraies,
nous rappellerons la conduite d'un saint ar-
chevêque, qui, du haut de la chaire évangé-
lique, annonçant aux fidèles de Milan l'édit
de Théodose, sur le divorce, les exhortait à
la soumission à cette loi de l'État, et expri-
mait en même temps la pieuse espérance
qu'aucun d'eux n'affligerait l'église par le
spectacle des malheurs qui suivent la dissolution des liens sacrés du mariage. Ce sage pas-
teur reconnaissait que les lois divines n'étaient
pas de la même nature que les lois humaines ;
mais les docteurs modernes s'élèvent à d'autres considérations, et tiennent un autre lan-
gage. Sont-ils donc plus sages que les anciens
organes des lois, plus hommes d'État que les
Théodose, plus chrétiens que les saint Am-
broise ?

M. de B...... s'appuie d'un autre argument
non moins extraordinaire que le premier.
L'autorité civile a le droit d'établir des em-

pêchemens au mariage : elle peut donc faire
d'un premier lien contraté par deux per-
sonnes actuellement vivantes, un empê-
chement formel et dirimant à un second
mariage. Il s'agit toujours de la question du
divorce sous le rapport de la différence des
cultes. Or, comment l'autorité civile pourrait-
elle créer des empêchemens contraires aux
dogmes dont elle autorise la profession? Si
elle empêchait les seconds mariages, quand
une loi religieuse les consacre, que ferait-elle
autre chose qu'empêcher l'exercice même de
la loi religieuse. Notez qu'en fait d'empêche-
ment au mariage, la loi civile n'en admet
d'absolu, qu'à l'égard des ascendans et des des-
cendans, des frères et des sœurs; et jugez s'il
est d'une logique vulgaire de mettre sur la
même ligne de prohibition les secondes al-
liances qui peuvent suivre le divorce, et ces
unions incestueuses que repousse la morale,
et qu'abhorrent également la nature et la religion.

La question du divorce est toute entière
dans la considération de la différence des
cultes, et cette haute considération nous im-
posait une scrupuleuse réserve dans l'examen

du paragraphe qui s'y rapporte. Il n'en est pas ainsi des points de discussion qui restent à traiter, et nous ne prétendons pas répondre de la gravité de tous nos lecteurs.

M. de B..... défend l'indissolubilité du lien conjugal par quatre motifs principaux qu'il puise dans la nature physique de l'homme, dans sa nature morale, dans la loi civile et dans les institutions politiques.

1° *Raisons prises dans la nature physique de l'homme.*

Suivant M. de B..... *la fin du mariage n'est pas les plaisirs de l'homme, puisqu'il les goûte hors du mariage. La fin du mariage n'est pas seulement la production des enfans, puisque cet effet peut avoir lieu sans le mariage.*

Nous devons en conscience avertir que cette citation est littérale, pour n'être point soupçonnés de vouloir égayer la matière. Certes, le docte Sanchez, dans son Traité, si

célèbre du Mariage, n'a pas donné de définition plus piquante. Nous nous abstiendrons
de rechercher quel effet elle pourrait produire
sur l'esprit d'une jeune personne élevée dans
les habitudes de la modestie, et qu'une pré-
voyante mère a préservée de toute idée capa-
ble d'éveiller l'instinct de la curiosité. Mais
nous demanderons à l'auteur s'il serait satisfait d'une définition qu'on présenterait ainsi,
dans la forme et sur le modèle de la sienne.

La fin du divorce n'est pas l'affranchisse-
ment d'un joug devenu intolérable, puisqu'on
peut s'en délivrer de tant de manières.

Prenez garde, sages moralistes, d'irriter les
passions, au lieu de régler leurs cours, et de
les exciter à franchir les barrières dans les-
quelles vous prétendez les contenir.

L'auteur jette au hasard plusieurs axiômes
sur la conservation des enfans, et l'accroisse-
ment de la population : puis il calcule que si le
divorce favorise en effet la population, il détruit autant de familles qu'il fait naître d'enfans. Sans doute on défendrait mal le divorce
par la considération générale qu'il naît des

enfans d'un second mariage ; mais c'est peut-
être l'attaquer plus mal encore que de prétendre qu'il détruit proportionnellement autant de familles. Car, dans la circonstance où
deux époux se quittent pour contracter, chacun de son côté, un nouveau mariage ; il se
forme deux familles au lieu de celle qui n'est
plus. A quoi bon, toutefois, ce calcul de nais-
sances et de destructions, et quel est le pro-
blème à résoudre ? L'auteur ne voudrait-il pas
nous dire que la dissolution de la famille nuit
à l'éducation des enfans ? Hé que ne s'expli-
que-t-il ? Nul ne s'avisera de le contredire. Seulement, observera-t-on alors, il faut balancer
avec équité les intérêts des pères, et ceux des
enfans qui doivent acquérir à leur tour les droits
de la paternité. De bons esprits se sont occupés
dec et examen, et le législateur a su profiter de
leurs méditations.

.Nous laissons d'autres aperçus de haute
économie politique *sur la misère des peu-
plades sauvages où tous les individus se
marient, et sur la florissante situation des
peuples civilisés, où une partie de la nation
garde le célibat.* Tout ce qu'on en pourrait
conclure, c'est que, dans les vues de l'auteur,

il serait mieux de rétablir le célibat légal, et
de ne pas permettre le divorce.

Sa sensibilité s'exerce ensuite sur le sort des
femmes, dans les cas de dissolution de la société
conjugale. *L'homme, dit-il, s'en retire avec
toute son indépendance, et la femme n'en
sort pas avec toute sa dignité,* etc. etc. etc.
Certains commentateurs ont fait ressortir la
beauté du passage, et le jeu des antithèses. Il
faut bien que M. de B..... compte beaucoup
lui-même sur l'effet de ce paragraphe : car il
l'a répété de son premier écrit sur le divorce,
et renouvelé d'un second ouvrage postérieur.
Mais quoique l'orateur en dise, il est permis
de douter que ces élégantes hyperboles fas-
sent fortune en France. Une femme douée
des perfections de son sexe ne croira jamais
avoir tout perdu, lorsqu'elle s'éloignera d'un
être coupable envers elle, flétri dans l'opinion
ou condamné par la justice; et sans doute il
se présentera un homme estimable qui s'ho-
norera de la protéger, et de lui donner un
rang dans la société. Serait-il déplacé d'ajouter, en corrigeant une figure oratoire par un
souvenir poétique, qu'aux bons temps de nos
aïeux, on se plaisait à croire que la vertu s'é-

2

purait au milieu des épreuves; que de très
grandes dames n'avaient point failli, pour être
tombées entre les mains de malandains et de
mécréans, et que tout brave paladin se faisait
un honneur et un devoir, après les avoir dé-
livrées de la tyrannie, de faire jurer à tous
venans qu'elles étaient aussi sages que
belles.

2° *Raisons morales.*

L'auteur, dans ce paragraphe, cède à l'en-
traînement de la faiblesse paternelle. Il cite
un fragment de son premier ouvrage, où se
déploie en liberté tout son zèle pour la morale, et où il ne menage point les déréglé-
mens de son siècle. Nous ne releverons, dans
cette éloquente déclamation, qu'une assertion qui nous semble la déparer.

Chez un peuple, dit-il, *peu avancé dans
les arts, la tolérance du divorce est sans
danger, puisqu'elle est sans exemple; mais
lorsque la société se déprave, tolérer le
divorce, c'est légaliser l'adultère.* N'est-

ce pas dire, en d'autres termes, qu'il faut permettre le divorce dans les sociétés qui n'en ont pas besoin, et le défendre là où la corruption des mœurs en fait un remède nécessaire ; mais ce qu'il serait essentiel de prouver, dans votre thèse, c'est qu'à l'époque où la société se déprave, abolir le divorce, c'est régénérer les mœurs ; c'est que, dans une famille livrée aux désordres, contraindre la vertu à souffrir les outrages du crime, c'est un sûr moyen de réprimer le crime. *Permettez le divorce*, continue l'orateur, *puis fondez des rosières pour récompenser la sagesse des filles, puis faites des idylles sur le bonheur de l'hymen*, puis... hélas ! en abolissant le divorce, aurions-nous de plus vertueuses rosières, des idylles plus sentimentales, et des sermons plus efficaces ?

M. de B..... a soin d'observer que, depuis la composition de ce paragraphe, le divorce a été entouré de plus d'obstacles. On doit en conclure que sa brillante tirade pouvait être fort utile dans le temps, et qu'elle a produit son effet. Aujourd'hui les gens d'un goût difficile exigeraient peut-être qu'il nous en donnât

2.

un autre, applicable à la question dans l'état où elle se trouve.

3º *Motifs puisés dans la loi civile.*

M. de B...... crée des raisons pour tout le monde. Etes-vous théologien, moraliste, physicien , jurisconsulte? Vous ne le trouverez étranger à aucune des branches d'étude qui vous sont familières. Il pourra peut-être arriver que, tel lecteur juge un peu faibles les raisons qu'il est à portée de mieux comprendre; mais il ne manquera pas de supposer excellentes celles qui rentrent dans un autre sphère de connaissances. Voyons dans cette discussion quelle est la part du jurisconsulte.

L'auteur raisonne ainsi: L'engagement conjugal est *réellement* formé entre trois personnes présentes, ou représentées par le pouvoir civil : l'époux, l'épouse et l'enfant. Or, un engagement formé entre trois ne peut être rompu par deux, au préjudice du tiers, ce tiers ne pouvant jamais y consentir. Ce raisonnement, ajoute-t-il, parut démonstratif au célèbre jurisconsulte feu M. Portalis. Il faut croire que M. Portalis avait des formules de politesse d'une extrême obligeance : toutefois soyons fidèles aux règles de la dialectique.

En thèse générale, les jurisconsultes éta-blissent que les conventions n'ont d'effet qu'entre les parties contractantes, sauf l'in-térêt des tiers ; que pour les consentir, il faut avoir capacité ; qu'elles peuvent être révoquées par ceux qui les ont consenties ; et que le cas d'infraction au contrat, par l'une des parties, est une cause suffisante de résolution. Ils se gardent cependant d'assimiler aux engage-mens qui varient suivant la volonté transitoire de l'homme, le mariage dont l'objet est dé-terminé par l'immuable loi de la nature. Dans les sociétés ordinaires, a dit le rapporteur du projet de code civil, on stipule pour soi ; dans le mariage, on stipule pour autrui ; on s'en-gage pour la nouvelle famille à laquelle on va donner l'être. Aux termes du code, les époux contractent *ensemble*, par le seul fait du mariage, l'obligation de nourrir, d'entre-tenir et d'élever leurs enfans. C'est là, sans

doute, une stipulation expresse, irrévocable
et sacrée en faveur des tiers : l'autorité civile
en garantit l'exécution, et l'on sait qu'en effet
elle y a pourvu avec la plus attentive pré-
voyance. Mais il y a loin de ces notions, d'une
justesse incontestable, à l'idée de faire assister
au contrat l'enfant qui doit naître du mariage,
et de le considérer comme partie *réellement*
contractante. Cette idée appartient à la classe
des conceptions métaphoriques; et les jurisconsultes tiennent qu'il ne faut pas décider par
les priviléges de la métaphore, quand il s'agit
de décider par les maximes du droit positif.
M. de B..... ne s'arrête pas dans les consé-
quences de sa doctrine. Cet être non encore
aperçu dans la foule des germes et qui s'a-
nime à sa voix, il le constitue gardien de l'exécution du contrat, il l'arme d'un droit dont rien
ne pourra le désaisir, alors même que les conditions de l'engagement seront remplies en ce
qui le touche. Car, en apparaissant au monde,
l'enfant est mineur, et ne peut transiger sur
ses intérêts; *et quand il devient majeur
dans l'Etat, il n'en reste pas moins mineur
dans la famille.* Remarquons la rapide pro-
gression des idées et des raisonnemens. Du

sens propre nous passons au sens figuré, et
de la métaphore, nous arrivons, peu s'en faut,
à la prosopopée.

4° *Raisons tirées des institutions de l'Etat.*

M. de B..... a cherché les raisons politiques
de l'abolition du divorce dans une théorie
qu'il ne croit pas devoir développer; il se
borne à dire *que l'indissolubilité du mariage
tient à l'indissolubilité, ou ce qui est la
même chose, à la légitimité de la monarchie;*
et que la faculté du divorce est une véritable
démocratie domestique qui permet à la partie
faible de s'élever contre l'autorité maritale.
Ce doit être une merveilleuse théorie que
celle qui conduit à de tels rapprochemens.
Quand elle sera connue, on parviendra peut-
être à réconcilier certains esprits avec l'idéo-
logie.

Montesquieu, cité dans l'article que nous
examinons, a écrit quelques chapitres sur les
rapports du gouvernement domestique avec

les institutions de l'Etat. Il est très vrai qu'il
y reconnaît que la servitude des femmes est
tout à fait conforme au génie du Gouvernement despotique. Mais il laissait le despotisme
aux contrées de l'Orient; mais il ne pensait pas
que le divorce fût une institution analogue à
la démocratie. Ce publiciste éclairé recueillait
et expliquait les faits : il avait vu la pratique
du divorce indifféremment adoptée dans les
Etats monarchiques et dans les républiques.
La Russie et la Suède, la Prusse et l'Angleterre, comme les Provinces unies, et la plu-
part des cantons Suisses lui présentaient le
spectacle des utiles résultats de cette loi de
tolérance; et notre auteur l'aurait singulière-
ment étonné, en lui découvrant qu'elle recèle
des causes d'ébranlement dans les principes
d'indissolubilité ou de légitimité de ces divers
Gouvernemens. Lorsqu'on étudie les causes
de la grandeur et de la décadence des Etats,
il convient de les rechercher dans l'histoire
des réalités, ou du moins dans le cercle des
choses possibles; et parce qu'il est arrivé quel-
quefois de grands effets par de petites causes,
il n'est pas sage de prétendre qu'en modifiant
quelques grains de sable, on dérange l'équi-
libre du monde.

Après avoir parcouru la carrière qu'il s'est tracée, M. de B....., non encore satisfait de son travail, cherche des appuis parmi les sectateurs de la réforme, et il nous assure que même au sein du parlement britannique, on a senti la nécessité de rendre le divorce plus difficile ; ce qui doit, selon lui sans doute, faire sentir aux chambres législatives de la France, la nécessité de l'abolir. Il lui plaît d'ajouter, en passant, qu'on ne peut divorcer dans la Grande-Bretagne que pour cause d'adultère. A-t-il du moins vérifié cette assertion ? Nous sommes bien près de l'Angleterre et nous voyons beaucoup d'anglais en France. Pourquoi ne pas s'informer si les lois de leur pays n'admettent pas aussi le divorce pour cause d'incompatibilité de caractère (1) ? Si le mariage chez eux n'est pas dissous de droit par

---

(1) Le divorce *à vinculo matrimonii* n'est permis que pour cause d'adultère. Le divorce *à mensâ et thoro* s'obtient pour cause d'adultère ou d'*incompatibilité*. Les parties ne peuvent contracter de nouveaux mariages dans ce dernier cas, qu'après avoir été autorisées par un acte du parlement.

la déportation et par toute peine infamante?
Si même on n'y pratique pas un genre de divorce assez honteux sans doute, mais sûre-
ment très expéditif dans les classes inférieures
de la société?

Plus heureux en fait de citations choisies
parmi les écrivains protestans, M. de B....,
allègue l'opinion de madame Necker : hâtons-
nous de lui opposer celle de madame de Staël,
d'une mère respectable, fille non moins célèbre.

Il s'appuie du témoignage de M. Hume, et
lui fait dire que *l'exclusion de la polygamie
et du divorce fait suffisamment connaître
l'utilité des maximes de l'Europe relative-
ment au mariage.* Pour la polygamie, soit :
mais le divorce, comment est-il exclus de
l'Europe? La géographie de David Hume
serait-elle en défaut? Nous n'avons pas le
texte anglais sous les yeux, et nous soupçon-
nons qu'on prête de l'esprit au docteur.

Il cite enfin le duc de Rochester et le duc de
Richmond : espérons que par un retour de

courtoisie, MM. les orateurs du parlement britannique nous ferons l'honneur de nous citer un jour.

M. de B..... se soutient constamment à la même hauteur, et sa marche est imperturbable. Mais lorsqu'il entrevoit le terme de la carrière, il n'est plus maître de son ardeur, il s'indigne de tout retard ; il voudrait, ce sont ses propres expressions, *traiter le divorce comme les coupables de notoriété publique que la justice met hors la loi, et qu'elle condamne au dernier supplice sur la seule identité.*

Abstenons-nous de tout sérieux commentaire sur ces étranges paroles. Sous la plume et dans la bouche de M. de B....., ce ne sont très certainement que des licences de style échappées dans la chaleur de la composition. Mais que de telles formes furent effrayantes quand elles servirent de signes de ralliement à des hommes qui n'avaient ni son esprit ni son cœur !

Reposons notre imagination sur la partie moins sombre du tableau. Voyons y le vengeur

de la société aux prises avec le divorce, et
sur la seule identité, mettant l'ennemi pu-
blic hors la loi. N'est-ce pas Alcide achevant
la défaite de Géryon ou de Cacus ? Le héros
frappe son indigne adversaire et l'abbat à ses
pieds : point de merci pour le monstre, son
nom seul est un arrêt de mort.

Ce n'est pas tout ; dans l'exercice de son
autorité vengeresse, il veut étendre la répro-
bation jusqu'aux parens même du *quidam*.
« Qu'elle disparaisse, s'écrie-t-il, cette loi,
» fille aînée de la philosophie qui a boule-
» versé le monde, et que sa mère, honteuse
» de ses déportemens, n'essaie plus même de
» défendre ! »

Hé bien, MM. les philosophes, vous l'en-
tendez ; qu'avez-vous à répondre ? Le coup
est rude et peut r'ouvrir les blessures que
fit n'aguère à la philosophie l'attaque impé-
tueuse d'un orateur trop habile, pour être
maintenant oublié. Vous voyez ce bonnet,
disait-il à ses auditeurs, un jour qu'il voulait
achever de porter la conviction dans les esprits,
figurez-vous la tête de l'un de ces docteurs du

monde qui s'avisent de raisonner. Or sus,
Jean-Jacques, c'est toi que j'interroge, ré-
ponds à mon argument !...., Le candide orateur prêtait l'oreille : puis, après une courte
pause : Tu te tais, continuait-il, en agitant le
bonnet silencieux, tu te tais, philosophe, te
voilà confondu!

Profitons de la salutaire apostrophe : aussi
bien il est temps de terminer cet examen.
Nous n'avons traité la question du divorce que
d'une manière incidente et purement relative
à l'ouvrage de M. de B....., et nous n'avons
pas le droit de prendre des conclusions. Mais
si les chambres ne craignent point de se laisser
distraire de leurs travaux essentiels, par une
proposition d'un intérêt aujourd'hui bien
secondaire, nous sommes fondés à croire qu'en
la traitant sous ses vrais points de vue, les bons
esprits s'accorderont à reconnaître.

Que le divorce fut généralement admis
dans l'antiquité et qu'il se liait à ses institutions religieuses.

Qu'après l'établissement de la religion chré-

tienne, il se conserva dans l'empire jusqu'au
neuvième siècle, bien que les vœux de l'église
tendissent à sa suppression, en vue de sancti-
fier le mariage.

Qu'en Pologne, sous les lois de la catholi-
cité, le nonce du pape a constamment donné
son assentiment à la dissolution du lien conjugal.

Qu'en France, les juifs et les protestans
pratiquaient la faculté du divorce sous la
protection des parlemens et des conseils sou-
verains.

Que le fait de l'admission dans l'état de re-
ligions différentes, impose au législateur lui-
même la loi de maintenir cette faculté qu'elles
autorisent.

Que l'application de la loi du divorce ne
pourrait être restreinte à tel culte determiné,
puisque l'autorité civile n'a pas le droit de
contraindre l'homme à persévérer dans sa
croyance, et que s'il donne le scandale d'un
changement, il ne peut avoir d'autre juge que
sa conscience.

Qu'il importe essentiellement que la pratique du divorce soit contenue dans des bornes légitimes, et soumises à de rigoureuses épreuves ; et qu'à cet égard il faut demander à l'expérience et au temps d'indiquer les précautions que la législation actuelle peut laisser encore à désirer.

Enfin que depuis les temps de Solon jusqu'à nos jours, c'est une maxime avouée par tous les législateurs que « la sagesse consiste à donner aux peuples non les meilleures lois possibles, mais les meilleures de celles qu'ils peuvent supporter ».

L......

———————

P. S. Ce petit écrit se compose d'articles qui devaient être successivement insérés aux journaux, et dont le premier a été publié dans le Constitutionnel. La forme de ces articles se ressent un peu de leur destination : si, dans leur rapprochement, on en jugeait avec quelque sévérité, l'auteur, jaloux de l'estime des personnes les plus graves, croit devoir protester qu'il rend un sincère hommage au caractère de M. de Bonald; et qu'il n'a combattu que les erreurs de l'écrivain trop habilement présentées pour n'être pas dangereuses. Il désire qu'on vérifie dans l'ouvrage même les passages qui donnent prise et peut-être servent d'excuse à quelques plaisanteries qu'il a pu se permettre sans intention d'offenser. Il observe surtout qu'il défend la cause des lois établies, et il exprime la ferme conviction que la doctrine qu'il réfute, quoique annoncée au nom de la religion, de la morale et de la politique, n'en est pas moins, dans l'ordre actuel, *une nouveauté* contraire aux intérêts de la politique, de la morale et de la religion.

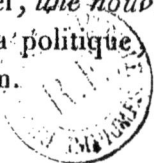

www.ingramcontent.com/pod-product-compliance
Lightning Source LLC
Chambersburg PA
CBHW060524210326
41520CB00015B/4294